Franklin détective

HACHETTE

RETROUVEZ Franklin EN PREMIÈRE BIBLIOTHÈQUE ROSE

- Franklin magicien
- Franklin ne veut pas dormir
- Franklin lit une histoire
- Franklin et sa trottinette
- Franklin détective

D'après la série TV *Franklin* produite par Nelvana Limited,
Neurones France s.a.r.l. et Neurones Luxembourg S.A.
Basé sur les ouvrages écrits par Paulette Bourgeois et illustrés par Brenda Clark.

Cet ouvrage comprend deux histoires, initialement parues sous les titres :
Franklin the detective, 2004, et *Franklin's Pumpkin*, 2004.

Franklin the detective a été écrit par Sharon Jennings et illustré par Céleste Gagnon.
Franklin's Pumpkin a été écrit par Sharon Jennings et illustré par Rob Penman,
Sasha McIntyre et Shelley Southern.
Publié avec l'autorisation de Kids Can Press Ltd., Toronto, Ontario, Canada.

Adaptation de Natacha Godeau

Hachette Livre, 43, quai de Grenelle, 75015 Paris.

Franklin détective

Franklin sait compter
de deux en deux
et lacer ses chaussures.
Il est aussi un grand détective.
Il enfile son chapeau, son
long manteau et… le voici
prêt à mener l'enquête !

Ce jour-là, maman finissait de ranger les courses, lorsqu'elle s'écria, affolée :
— Mon sac à main ! Je l'ai perdu !
— Ne t'inquiète pas, maman ! Franklin le détective va le retrouver !

Franklin fouilla
la voiture.

Il examina
le chemin.

Il regarda aussi
dans la cuisine
puis, il se mit à
réfléchir.

— Je sais ! s'exclama-t-il soudain.
Il ouvrit le réfrigérateur. Maman y avait laissé son sac, juste à côté du lait !
— Merci, Franklin. Tu es un grand détective !

Le lendemain, la petite tortue rejoignit ses amis Raffin, Lily et Martin au terrain de base-ball. Ils semblaient bien ennuyés !

— Je sais ! s'exclama Franklin.

— Vous avez un problème, je le sens !

— Oui, commença Lily. Nous…

— Attends, laisse-moi deviner, l'interrompit Franklin.

Il observa ses amis une minute et lança :

— Je remarque que vous avez des gants et une batte de base-ball, mais pas de balle !

— Si, on en a une,
dit Lily.

— Alors vous ne pouvez pas jouer car vous l'avez oubliée !

Martin fit « non » de la tête.
— Nous avions une balle, expliqua Lily. Mais Raffin l'a perdue !

Franklin sortit sa loupe.
— Ne vous en faites pas !
Franklin le détective va la retrouver !
— Comment ? s'étonna Lily.
— Je vais relever les indices…
— Oooooh ! s'extasia tout le monde.

— Racontez-moi tout,
demanda la tortue.
— J'ai frappé la balle d'ici,
commença Raffin.
— Il l'a envoyée dans ce
pommier, dit Martin.
— Et on ne l'a plus revue,
conclut Lily.

En allant examiner l'arbre, Franklin aperçut des empreintes, par terre.

— Des pattes palmées ! s'écria-t-il. Béatrice jouait avec vous ?

— Non, nous n'étions que trois, affirma Lily.

La petite tortue fronça le bec.

— Alors je crois savoir qui a ramassé votre balle !

Vite, ils coururent
interroger Béatrice.
Elle n'avait pas vu
leur balle.

— Pourtant, tu t'es promenée
près du pommier,
insista Franklin en notant
tout bien dans son carnet.
— J'avais entendu
un drôle de
bruit d'eau,
répondit l'oie.

— Un bruit d'eau…, répéta Franklin qui réfléchissait à haute voix.

Puis, il s'exclama :

— Je sais ce que c'est ! Tous à l'étang !

Et ses amis le suivirent. Ils approchèrent d'un arbre.

— Grâce à mes déductions, annonça fièrement Franklin, j'ai résolu l'énigme. Votre balle est tombée du pommier, dans l'étang !

— Quel grand détective ! le félicita Martin.

Alors, chacun sauta dans l'eau et se mit à chercher.

Ils cherchèrent, et cherchèrent encore. En vain.

— Tu n'es pas un si grand détective que ça ! grogna Lily en sortant de l'eau avec Raffin et Martin.

Pauvre Franklin ! Il détestait se tromper.

— Je vais reprendre mon enquête depuis le début ! décida-t-il.

D'abord, il imita Raffin en train de frapper la balle avec sa batte.

Ensuite, pour imiter la balle, il lança un caillou dans le pommier et, « plouf ! » une pomme tomba dans l'étang !

— Je sais ! se réjouit Franklin. En fait, Béatrice a entendu une pomme. Et la balle est donc toujours dans l'arbre !

Il leva les yeux et scruta les plus hautes branches.

— Hourra ! cria-t-il enfin en apercevant la balle.

Franklin avait un plan, pour la récupérer. Il lança un par un des petits cailloux dans le pommier.

Et plouf !

Plouf !

Plouf !

Chaque fois, une pomme
tomba dans l'eau.

Visant avec application, Franklin envoya son dernier caillou le plus fort possible. Il réussit à toucher la balle… qui lui retomba sur la tête !

— Ouille ! gémit-il.

Avec un air de triomphe, il rapporta la balle à ses amis.
— Super ! fit Lily en s'en emparant.
— Elle était coincée tout en haut de l'arbre, expliqua Franklin.
— Comment l'as-tu retrouvée ? s'étonna Martin.
— Je vais vous donner un indice, sourit Franklin.

Et ôtant son chapeau, il déclara :
— Un grand détective se sert avant tout… de sa tête !

Franklin et la citrouille géante

Franklin sait compter
de deux en deux
et lacer ses chaussures.
Il sait aussi faire pousser
une très grosse citrouille.
L'ennui, c'est qu'il se
demande à quoi peut bien
servir une citrouille
géante…

Ce matin-là, Franklin rendit visite à Lily. Elle arrosait son cerisier. La petite tortue saliva.

— Miam ! Je peux goûter une cerise ou deux ?

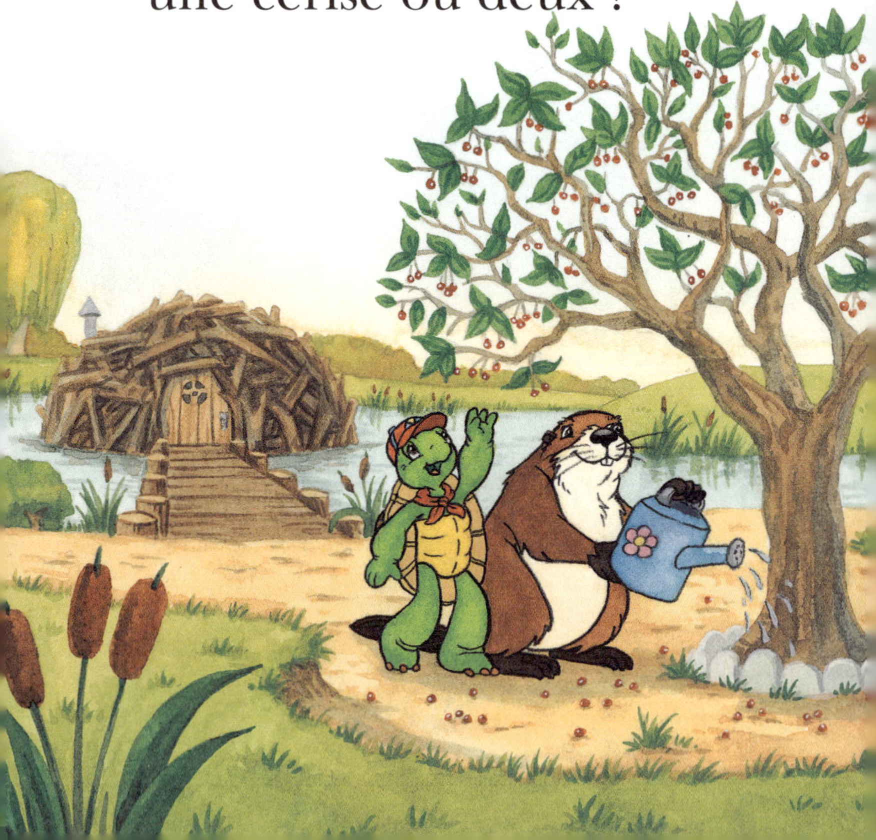

— Ah çà non, pas question ! grogna Lily. Je veux gagner un Ruban bleu au concours de tartes aux cerises de la Fête de l'Automne.

— Alors réserve-moi une belle part de ta tarte ! dit Franklin.

Il alla ensuite rendre visite à Martin. L'ours arrosait ses buissons de myrtilles.

— Miam ! dit Franklin. Je peux goûter une myrtille ou deux ?

— Ah çà non, pas question ! rugit Martin. Je veux gagner un Ruban bleu au concours de tartes aux myrtilles de la Fête de l'Automne.

— Alors réserve-moi une belle part de ta tarte ! dit Franklin.

Vite, Franklin courut chez lui inspecter son jardin.

Les oiseaux avaient mangé les framboises.

Les vers, dévoré les pommes.

Et Harriet, sa petite sœur, avait englouti les fraises !

Et lui, avec quoi ferait-il
une tarte, maintenant ?
Soudain, il aperçut une
longue tige, par terre.
Il la suivit jusqu'au coin de
la cabane à outils.

Là, derrière la brouette, il découvrit une très grosse citrouille !
— Youpi ! se réjouit-il.
Avec une tarte à la citrouille géante, peut-être que je gagnerai un Ruban bleu !

Franklin décida de garder
ses projets secrets.
Et chaque matin, avant
l'école, il arrosait sa citrouille.

Et chaque soir, après l'école,
il la mesurait de près.

Elle grossissait,

grossissait

à vue d'œil !

Puis, un beau jour, Franklin eut envie de partager son secret. Il invita Lily.

— Tu as vu ma belle citrouille géante ? dit-il.

— Que vas-tu en faire ? demanda le castor.

— Je veux remporter le Ruban bleu au concours de la meilleure tarte à la citrouille de la Fête de l'Automne ! déclara Franklin.

Lily pouffa de rire.

— Mais voyons, Franklin !

Ce sont les plus petites citrouilles, au contraire, qui font les plus succulentes tartes !

— Qu'est-ce que je vais en faire, alors ?

Franklin réfléchit, et réfléchit. Bientôt, il eut une nouvelle idée. Il invita Martin.

— Tu as vu ma belle citrouille ?

— Que vas-tu en faire ? s'étonna l'ourson.

— Je veux gagner le Ruban bleu, au concours de la plus grosse citrouille, à la Fête de l'Automne !

— Mon pauvre Franklin, sourit Martin. Cette année, il n'y a qu'un concours de courgettes !

— Qu'est-ce que je vais en faire, alors ? se demanda la petite tortue.

Quand le jour de la fête arriva, Franklin n'avait pas trouvé d'autre idée.

Tout le monde voulait gagner un Ruban bleu. Même sa petite sœur !

— J'aurai le plus beau déguisement ! s'exclama-t-elle.

Franklin soupira. Lui, il n'avait aucun concours auquel participer…

— Au revoir, Franklin ! cria Harriet en partant avec maman.

Elles rentrèrent peu après. Harriet pleurait.

— Toutes les petites filles se sont déguisées en princesse, expliqua maman. Harriet aurait voulu être différente, pour gagner.

— Tiens, tiens, pensa Franklin.

Il se précipita au jardin observer sa citrouille géante.

— Oui, oui, oui, murmura-t-il mystérieusement. Je crois avoir une superidée !

Il appela papa. Ensemble, ils hissèrent la très grosse citrouille sur le petit chariot de Franklin.

Puis Papa
découpa le
haut de la
citrouille
et Franklin
l'évida.

Il apporta ensuite :

sa peinture et
des autocollants,

des ballons et
des serpentins,

des rubans
et des nœuds
de satin.

Lorsque sa surprise fut prête, Franklin appela Harriet.

— Ton carrosse est avancé, Cendrillon !

Je serai la plus belle des princesses ! applaudit sa sœur en grimpant dans la citrouille.

Et Franklin la conduisit à
la Fête de l'Automne.

Quelle journée ! Tout le monde gagna un Ruban bleu. Harriet reçut celui du meilleur déguisement.

Lily, celui de
la meilleure
tarte aux
cerises.

Martin, celui
de la
meilleure
tarte aux
myrtilles.

Et Franklin aussi,
remporta un prix !

— Félicitations ! dit monsieur Taupe en lui remettant le Ruban bleu du plus gros mangeur de tartes.
— Merci, mais j'ai un peu mal au cœur ! bredouilla la tortue qui ne s'attendait pas à gagner ce concours.

Fête de l'Automne

Alors, papa et maman trouvèrent une nouvelle utilité à la citrouille géante : celle de ramener un gros gourmand à la maison !